教皇フランシスコ

使徒的書簡　父の心で

聖ヨセフを普遍教会の保護者とする宣言
150周年を記念して

カトリック中央協議会

目次

聖書の引用は原則として日本聖書協会『聖書 新共同訳』（二〇〇〇年版）を使用しました。ただし、漢字・仮名の表記は本文に合わせています。その他の訳文の引用に関しては出典を示していますが、引用に際し、一部表現や用字を変更した箇所があります。

教皇フランシスコ

使徒的書簡　父の心で

聖ヨセフを普遍教会の保護者とする宣言百五十周年を記念して

父の心で――。ヨセフはこのようにイエスを愛しました。四福音書すべてでイエスは、「この人はヨセフの子ではないか[1]」と呼ばれています。

この人物の姿を描いた二人の福音記者、マタイとルカが記すところはわずかですが、彼がどのような父親であったのか、またみ摂理が彼に託した使命について理解するには十分です。

わたしたちはこのかたが、貧しい大工であり（マタイ13・55参照）、マリアのいいなずけであったこと（マタイ1・18、ルカ1・27参照）、「正しい人」（マタイ1・19）で、律法で（ルカ2・22、27、39参照）、また四つの夢で（マタイ1・20、2・13、19、22参照）示された神のみ旨を行おうといつも心掛けていたことを知っています。ナザレからベツレヘムへの長くつらい旅を経て、救い主が馬屋で生まれるのを彼は目にしました。ほかに「彼らの泊まる場所がなかったから」（ルカ2・7）です。イスラエルの民と異邦人とをそれぞれ代表する、羊飼いたち（ルカ2・8―20参照）と占星術の学者たち（マタイ2・1―12参照）が拝みに来たのを、彼は目撃しました。

彼には勇気があり、イエスの養父を引き受けて、天使に示された名をつけました。「その子をイエスと名付けなさい。この子は自分の民を罪から救うからである」（マタイ1・21）。よく知られているように、古代の人々の間では、人や物に名をつけることには、それらを自分に帰属するものとする、という意味がありました。創世記の物語でアダムが行ったのと同様です（2・19―20参照）。

誕生から四十日後に神殿で、ヨセフは母親とともにその子を神にささげ、イエスとマリアについてのシメオンの預言を聞いて驚きました（ルカ2・22―35参照）。ヘロデからイエスを守るために、寄留者としてエジプトで暮らしました（マタイ2・13―18参照）。祖国に戻ると、小さな無名の村で目立たぬように暮らしました。ガリラヤ地方のナザレという村で、そこは、「預言者の出ない」、また「何かよいものが出るだろうか」といわれており（ヨハネ7・52、1・46参照）、生まれ故郷のベツレヘムからも、神殿のあったエルサレムからも遠く離れていました。エルサレム巡礼の際、十二歳のイエスがいなくなると、心配してマリアとともに捜し、律法の学者たちと語り合っているのを神殿の中に見つけました（ルカ2・41―50参照）。

神の母聖マリアに次いで、その夫ヨセフほど、教皇の教導職において重要な意味をもつ聖人はいません。わたしの前任者たちは、救いの歴史におけるその中心的な役割をいっそう明らかにしようと、福音書が伝える数少ない情報に含まれるメッセージを考究してきました。福者ピオ九世は聖ヨセフを「普遍教会の保護者」[2]と宣言し、尊者ピオ十二世は「労働者の保護者」[3]、聖ヨハネ・パウロ二世は「救い主の守護者」[4]と称しました。一般には「よい臨終の擁護者」[5]として、執り成しが請われています。

ですので、福者ピオ九世が一八七〇年十二月八日にこのかたを「普遍教会の保護者」と宣言してから百五十年を迎えるにあたり、イエスがいわれるように、「心にあふれていることを口にし」（マタイ12・34参照）たいと思います。わたしたちそれぞれの人間的境遇にきわめて近い、この偉大な人物についてのわたしなりの考察を、皆さんと分かち合うためです。ここ数か月にわたるパンデミックの間に、その思いが強くなりました。「わたしたちの生活（は）市井の人々――忘れられがちな人々――によって織りなされ、支えられてい（ます）……。そうした人々は、新聞や雑誌の見出しになったり、最新のランウェイに登場することはなくとも、まぎれもなく、この時代の決定的な出来事を今まさに書きつけているのです。医師、看護師、スーパーマーケットの従業員、清掃員、介護従事者、配達員、治安当局、ボランティア、司祭、修道者、そして他の多くの、自分の力だけで自分を救うことはできないと分かっている人々です。……どれほど多くの人が、毎日辛抱し、希望を奮い立たせ、パニックではなく共同責任の種を蒔《ま》くよう心掛けていることでしょう。どれほど多くの父親、母親、祖父、祖母、教師らが、習慣を変え、前向きになり、祈りを重ねるといった、何気ない日常の姿を通して、危機に向き合ってそれを乗り切る方法を子どもたちに示していることでしょう。どれほど多くの人が祈り、犠牲をささげ、すべての人のために執り成していることでしょう」⑹。襲いかかる危機のただ中で、わたしたちはそれを実感したのです。だれもが聖ヨセフ――目立たない人、普通で、物静かで、地味な姿の人――に、困難なときの執り成し手、支え手、導き手を見いだすはずです。聖ヨセフは、一見すると地味な、あるいは「二番手」にいる人だれもに、救いの歴史の中で、比類なき主役になる資質があることを思い出させてくれます。その人たち皆に、感謝と報恩のことばを送ります。

1　愛される父

聖ヨセフの偉大さは、彼がマリアの夫であり、イエスの父であるという事実にあります。そうして、聖ヨハネ・クリゾストモが明言したように、「彼は、受肉による救いの営み全体への奉仕に参画した」⑺のです。

聖パウロ六世が述べたのは、ヨセフの父性が具体的に表されたのは、「自身の人生を、受肉の神秘とそれに結びついたあがないの使命への奉仕、犠牲として、ささげたときです。聖家族に対し彼が有していた法的権限を行使することで、自分自身、自分の人生、自分の仕事を与え尽くしたときです。家族を愛するという自身の人間的召命を、その身と心とあらゆる能力を尽くした超人的ささげものへと、家族に迎えたメシアへの奉仕の愛へと、変えたとき」[8]です。

救いの歴史におけるその役割ゆえ、聖ヨセフは、キリスト者にずっと愛されてきた父です。それは、世界中の数多くの教会が彼にささげられている事実、多くの修道会、信心会、教会グループがその霊性に導かれ、その名を冠している事実、何世紀にもわたり、さまざまな作品がこのかたへの崇敬をもって作られてきた事実からも明らかです。多くの聖人が彼の熱烈な崇敬者となってきました。なかでもアヴィラの聖テレジアは、このかたを弁護者、執り成し手とし、深く信頼して、請い求めた恵みをすべて受けました。そうして自らの経験に励まされて、ほかの人たちに、このかたを崇敬するよう強く勧めたのです。[9]

どの祈禱書を開いても、聖ヨセフへの祈りがあります。毎週水曜日、とくに、伝統的にこのかたにささげられる三月中は、このかたへの特別な祈りがささげられています。[10]

聖ヨセフに対する大衆の信頼は、「ヨセフのもとへ行け（Ite ad Ioseph）」ということばに要約されています。それは、エジプトでの飢饉《ききん》の時代、人々がファラオにパンを求めた際の彼の答えです。「ヨセフのもとに行って、ヨセフのいうとおりにせよ」（創世記41・55）。それは、ヤコブの息子、嫉妬した兄弟たちに売り飛ばされた者（創世記37・11―28参照）、そして――聖書の記述によれば――後にエジプトの王に次ぐ者となった（創世記41・41―44参照）、ヨセフのことです。

イエスは、ダビデの子孫として（マタイ1・16、20参照）、預言者ナタンがダビデにした約束（サムエル下7章参照）のとおりに、そこにルーツをもって生まれることになっていました。聖ヨセフは、ナザレのマリアの夫として、旧約聖書と新約聖書をつなぐ蝶番《ちょうつがい》なのです。

2　いつくしむ心の父

ヨセフは、イエスが日々、「知恵が増し、背丈も伸び、神と人とに愛された」（ルカ2・52）様子を見守っていました。主がイスラエルになさったように、ヨセフはイエスに接します。「腕を支えて、歩くことを教えた。子を持ち上げて頬を寄せる父のようで、身をかがめて食べさせた」（ホセア11・3―4参照）。

イエスは、神のいつくしみをヨセフの中に見ました。「父がその子をあわれむように、主は主をおそれる人をあわれんでくださる」（詩編103・13）。

ヨセフはきっと、詩編で祈る会堂で、イスラエルの神はあわれみの神、すべての人に優しく、「造られたすべてのものをあわれんでくださいます」（詩編145・9）と響くのを聞いていたことでしょう。[11]

救いの歴史は、わたしたちの弱さを通して、「希望するすべもなかったときに、……信じ」（ローマ4・18）ることで成就します。あまりにしばしばわたしたちは、神はわたしたちの長所、優れているところだけを当てにしていると考えてしまいますが、実際には、神の計画のほとんどは、わたしたちの弱さを通して、また弱さがあるからこそ、実現されるのです。だから、聖パウロが次のようにいったのです。「そのために思い上がることのないようにと、わたしの身に一つのとげが与えられました。それは、思い上がらないように、わたしを痛めつけるために、サタンから送られた使いです。この使いについて、離れ去らせてくださるように、わたしは三度主に願いました。すると主は、「わたしの恵みはあなたに十分である。力は弱さの中でこそ十分に発揮されるのだ」といわれました」（二コリント12・7―9）。

もしこれが、救いの営みの概要であるならば、自分の弱さを、深い優しさをもって受け入れることを学ぶべきです[12]。

悪霊は否定的評価をもってわたしたち自身の弱さを見せつけますが、他方聖霊は、優しさをもってそれを明るみに引き出してくれます。優しさは、わたしたちの弱い部分に触れるための最高の方法です。他人を指さしたり裁いたりするのは、大抵は自分自身の弱さ、もろさを受け入れられないことの表れです。告発する者（黙示録12・10参照）のわざからわたしたちを救い出してくれるのは、優しさだけなのです。だから、真実と優しさを体験することで、神のあわれみと出会うこと、とくに、ゆるしの秘跡においてそうすることが大切なのです。矛盾するようですが、悪霊もまたわたしたちに真実を語ることができます。ですが、悪霊がそうするのは、わたしたちを非難するためです。しかしながらわたしたちは、神からもたらされる真理はわたしたちを非難するのではなく、かえってわたしたちを迎え入れ、抱きしめ、支え、ゆるすためのものと知っています。真理はいつも、たとえ話のあわれみ深い御父のように、わたしたちに現れます（ルカ15・11―32参照）。御父はわたしたちに会いに来られ、わたしたちの尊厳を取り戻し、再び自分の足で立たせ、わたしたちのために祝宴を開きます。というのも、「この息子は、死んでいたのに生き返り、いなくなっていたのに見つかった」（同24節）からです。

ヨセフの苦悩を通しても、神のみ旨、その歴史、計画が示されます。ヨセフは、神への信仰をもつということは、わたしたちの恐れ、もろさ、弱さを通しても神は働かれると信じることをも含むのだと教えてくれます。また、人生の嵐の中にあっても、わたしたちの舟の舵《かじ》を神にゆだねることを恐れてはならないと教えます。時にわたしたちは、すべてをコントロールしようとします。ですが、主はつねに、より広い視野をもっておられるのです。

3　従順な心の父

マリアにその救いの計画を明かされたときと同様に、神はヨセフにもご自分の計画を明らかになさいました。そしてそれを、夢を通してなさいました。聖書では、どの古代民族の間でもそうだったように、夢は神がご自分のみ旨を表すための一つの手段と考えられていました。[13]ヨセフは、マリアの理解しがたい懐胎を前に非常に苦しみますが、「彼女を公に非難する」[14]ことを望まず、「ひそかに縁を切ろうと」（マタイ1・19）決心します。最初の夢では、天使がその深刻なジレンマの解決を助けてくれました。「恐れず妻マリアを迎え入れなさい。マリアの胎の子は聖霊によって宿ったのである。マリアは男の子を産む。その子をイエスと名付けなさい。この子は自分の民を罪から救うからである」（マタイ1・20－21）。彼の反応は即座でした。

「ヨセフは眠りから覚めると、主の天使が命じたとおり」（マタイ1・24）にしました。従順さをもって、自らの困難を乗り越え、マリアを救ったのです。

二番目の夢で、天使はヨセフに命じます。「起きて、子どもとその母親を連れて、エジプトに逃げ、わたしが告げるまで、そこにとどまっていなさい。ヘロデが、この子を探し出して殺そうとしている」（マタイ2・13）。ヨセフは、遭遇しうる困難について問うことなく、ためらわずに従いました。「ヨセフは起きて、夜のうちに幼子とその母を連れてエジプトへ去り、ヘロデが死ぬまでそこにいた」（マタイ2・14―15）。

エジプトでヨセフは、天使が約束した帰国の知らせを、信頼と忍耐をもって待っていました。神の使いが、三番目の夢で、幼子を殺そうとした者は死んだと伝えてから、起きて、子どもとその母親を連れ、イスラエルの地に戻るよう命じると（マタイ2・19―20参照）、再びためらうことなく従います。「ヨセフは起きて、幼子とその母を連れて、イスラエルの地へ帰って来た」（マタイ2・21）。

しかしその帰路、「アルケラオが父ヘロデの跡を継いでユダヤを支配していると聞き、そこに行くことを恐れた。ところが、夢でお告げがあったので、ガリラヤ地方に引きこもり、ナザレという町に行って住んだ」（マタイ2・22―23）のです。

一方、福音記者ルカは、ヨセフはナザレからベツレヘムまで、長く困難な旅をしたと伝えています。皇帝アウグストゥスによる住民登録の勅令に従い、出生地で登録するためでした。そしてまさにこうした状況の中で、イエスは生まれ（ルカ2・1―7参照）、他のすべての幼子と同様に、帝国の住民として登録されました。

聖ルカは、イエスの両親が律法の規定をすべて守っていたと伝えることにとりわけ配慮しています。イエスの割礼の式、出産後のマリアの清めの式、初子《ういご》を神に奉献する式です（ルカ2・21―24参照）[15]。

ヨセフは、人生のあらゆる場面で、自分の「はい（fiat）」を声に出せました。受胎告知の際のマリアや、ゲツセマネでのイエスと同様です。

ヨセフは一家の長として、イエスに、神のおきてに従って（出エジプト20・12参照）、両親に従順であるよう教えました（ルカ2・51参照）。

ナザレに身をひそめる間、ヨセフの教えに従って、イエスは御父のみ心を行うことを学びました。み心が、イエスの日々の糧となりました（ヨハネ4・34参照）。ゲツセマネで味わった人[16]生でもっともつらいときにも、イエスは自分の思いではなく、御父のみ心を行うことを選び、「死に至るまで、それも十字架の死に至るまで従順」（フィリピ2・8）でした。ですから、ヘブライ人への手紙の著者は、イエスは「多くの苦しみによって従順を学ばれました」(5・8)と結んでいます。

こうした出来事すべてを経て、ヨセフは「父としての権威を行使することによって、直接イエスとその使命に奉仕するように神から召されました。このようにして、彼は時が満ちるに及んで、偉大な救いの神秘に力を貸し、実際に「救いの奉仕者」となりました」[17]。

4　受け入れる心の父

ヨセフはマリアを、何ら前提条件なく受け入れます。天使のことばを信頼しているのです。「彼の心は高潔であったので、律法で学んだことを愛に従わせました。そして今日、女性に対する精神的暴力、ことばによる暴力、身体的暴力の問題が自明である世界にあって、ヨセフは敬意を忘れない、細やかな男性の像となります。すべてのことが知らされているわけではないにもかかわらず、マリアの名誉と尊厳と人生のために心を決めるのです。そして、どう行動するのが最善かを迷う中、神はその判断を照らし、選びを助けてくださいました」[18]。

人生には、意味を理解できない出来事が数多く起こります。わたしたちの最初の反応は、大抵は失望や反発です。ヨセフは、起きていることに場を空けるために自分の推論を脇に置き、自分の目にどれほど不可解に映っているとしてもそれを受け入れ、その責任を引き受け、自分の過去に対するわだかまりを解くのです。過去に対するわだかまりを解かなければ、わたしたちは次の一歩を踏み出すことすらできないでしょう。期待とその結果としての失望に、とらわれたままになるからです。

ヨセフの霊的生活は、明らかにする道ではなく、受け入れる道を示しています。こうした受け入れる心、わだかまりの解消によってようやく、よりすばらしい人生、より深い意味も明察しうるのです。ヨブの燃えることばがこだまするかのようです。わが身に起きたあらゆる不幸に抗《あらが》えばいいとの妻の促しに、彼はこたえました。「わたしたちは、神から幸福をいただいたのだから、不幸もいただこうではないか」（ヨブ2・10）。

ヨセフは、受け身に甘んじる人ではありません。勇敢で強い主人公です。受け入れる心は、聖霊からもたらされる剛毅のたまものを、人生の中に顕現させる一つの道です。主のみが、人生をありのままに受け入れる力、つまり人生においてつじつまが合わない部分、想定外の部分、そして失望した部分のためにも場を空ける力を与えることがおできになります。

わたしたちの間にイエスが来られることは、御父からの贈り物です。一人ひとりが自分の過去と、たとえそれをすべて理解できなくとも、しっかりと和解できるようになるためです。

この聖人に「ダビデの子ヨセフ、恐れるな」（マタイ1・20）といったように、神はわたしたちにも「恐れるな」と繰り返しているように思います。怒りや失望は脇に置き、この世に甘んじることなく、希望に満ちた不屈の精神で、自分で選んだわけではなくともそこにあるものに、場を空けなければなりません。このように人生を受け入れることで、隠された意味に出会います。わたしたちそれぞれの人生は、福音が語ることに従って生きる勇気を見いだすならば、奇跡のように再び動き始めるのです。今、何もかもが間違った方向に進んでいるようでも、また、いくつかの問題が取り返しのつかないことになっていても、問題ではありません。神は岩間にも花を咲かせることがおできになります。たとえ、何かしら良心のとがめがあったとしても、主は、「わたしたちの心よりも大きく、すべてをご存じ」（一ヨハネ3・20）です。

存在するもののいっさいを拒絶しない——このキリスト教のリアリズムにあらためて立ち帰ります。現実は、その神秘的な不可逆性と複雑性において、そこにある光も影も含め、存在の意味を支えます。だから使徒パウロは断言します。「神を愛する者たち……には、万事が益となるようにともに働くということを、わたしたちは知っています」（ローマ8・28）。これに聖アウグスティヌスは、「悪といわれているものも（etiam illud quod malum dicitur）」[19]と付け加えます。

こうした全般的観点から見れば、信仰は、うれしい出来事や悲しい出来事の一つ一つに意味を与えるものなのです。

ですから、信じるとは慰めとなる安易な解を得ることといった考えは、わたしたちからすればとんでもないのです。キリストが教えてくださった信仰は、そうしたものではなく、聖ヨセフに見られるものです。ヨセフは、近道を探すのではなく、自分の身に起きている出来事を「目を凝らして」直視し、自分のこととして責任を負うかたです。

ヨセフの受け入れる心は、排除することなく、その人そのままに、弱い人を優先して、他者を受け入れるようわたしたちを招きます。神は弱い人を選ばれ（一コリント1・27参照）、「みなしごの父となり、やもめの訴えを取り上げ」（詩編68・6）、寄留者を愛するよう命じているからです。[20] イエスはヨセフの姿勢を、放蕩息子とあわれみ深い父のたとえ（ルカ15・11―32参照）のモデルにしたのではないか、そんな想像をしてみたいのです。

5　創造的な勇気をもつ父

あらゆる真の内的治癒の第一段階が、自分の過去を受け入れること、すなわち、人生で自分が選択していないことに対しても自身の中に場を設けることであるならば、別の重要な性質をも加えて備える必要があります。創造的な勇気です。困難にぶつかったときにこそ、それはわき出ます。事実、問題に直面すれば、歩みを止めて退却することもできるし、なんとか頭をひねることもできます。時に困難こそが、自分がもっているとは思いもしなかった才を、各人から引き出してくれるのです。

「幼少期を記す福音箇所」を読んでいると、神はなぜ、直接かつ明白に介入しなかったのかと思うことが多々あります。まさしく神は、出来事と人を通して働かれます。ヨセフは神によって、あがないの歴史の初期の面倒を見るよう託された人物でした。彼は真の「奇跡」であって、それを通して神は御子とその母を救われるのです。天はこの人の創造的な勇気に信頼して介入しました。ベツレヘムに着いて、マリアが出産できる場所を見つけられなかったとき、馬屋に入り、この世に来られる神の子を迎えるために、できるかぎり居心地のよいよう、その場を整えた人です（ルカ2・6―7参照）。幼子を殺そうとするヘロデの差し迫った危険に直面すると、ヨセフは、その子を守るよう夢で再び警告され、真夜中にエジプトへの逃亡を支度しました（マタイ2・13―14参照）。

こうした物語を表面的に読めば、世界は力ある権力者によって翻弄されているとの印象をどうしても受けてしまいますが、しかし福音の「よい知らせ」は、この世の支配者の傲慢や暴力があろうとも、神は救いのためのご自分の計画を実行する方法をつねに見いだしておられる、それを示すことにあります。わたしたちの人生も、強権をもつ者の手中にあるかに見えたりもしますが、み摂理への信頼をいつも第一とし、困難をチャンスに変えることのできたナザレの大工のように創造的な勇気をもてるならば、神は大切なものを必ず救ってくださると、福音は教えています。

神が助けてくださらないかに見えることもありますが、見捨てているのではなく、わたしたちを、わたしたちが計画し考案し発見するはずのものを、信頼してくださっているのです。まさに同じ創造的な勇気を示すのが、中風《ちゅうぶ》を患っている人をイエスに会わせようとして、屋根からつり降ろした友人たちです（ルカ5・17―26参照）。困難があっても、この友人たちの大胆さと根気強さは揺るぎませんでした。彼らは、イエスがこの病気の人をいやしてくれるとの確信をもっていました。「群衆に阻まれて、運び込む方法が見つからなかったので、屋根に上って瓦《かわら》をはがし、人々の真ん中のイエスの前に、病人を床《とこ》ごとつり降ろした。イエスはその人たちの信仰を見て、『人よ、あなたの罪はゆるされた』といわれた」（19―20節）。イエスは、病気の友人をご自分のもとに連れてこようとした人たちの、創造的な信仰を理解しておられました。

福音書からは、マリアとヨセフと御子がエジプトにとどまっていたころの情報は得られません。ですが、食べていき、住まいを見つけ、仕事をしなければならなかったことは確かです。この点について、福音書の沈黙を埋めるのに、多くの想像力は必要としないでしょう。聖家族は、もろもろの具体的な問題に向き合わざるをえませんでした。あらゆる家庭と同様であり、今日もなお災難や飢餓によっていのちが脅かされている、兄弟姉妹である多くの移住者とも同様です。この意味で聖ヨセフは、紛争、憎悪、迫害、貧困によって故郷を離れなければならないすべての人にとって、まさに特別な保護聖人だとわたしは思うのです。[21]

ヨセフがメインキャストである各物語の末尾に、福音書は、彼が起きて、御子とその母を連れ、神から命じられたことをしたと告げています（マタイ1・24、2・14、21参照）。事実、イエスとその母マリアは、わたしたちの信仰のもっとも大切な宝です。[22]

救いの計画において御子を、「信仰の旅路を進み、十字架に至るまで子との一致を忠実に保」たれたかたである聖母から、引き離すことはできません。

わたしたちはつねに自問しなければなりません。不可思議なかたちで、わたしたちの責任に、ケアに、保護にゆだねられているイエスとマリアを、全力で守っているだろうかと。全能なるかたの御子は、大いなる弱さを身に受け、この世に来られます。守られ、保護され、世話を受け、育ててもらうために、このかたにはヨセフが必要です。マリアがそうしたように、神はヨセフを信頼なさいます。マリアはヨセフに、彼女のいのちを救おうとする姿だけでなく、ご自分と御子とにつねに心を砕く姿を見ておられます。その意味で、聖ヨセフが教会の保護者でないはずがありません。なぜなら教会は、キリストのからだの、歴史における継承であり、それと同時に、教会の母性には、マリアの母性が現れているからです。(23) ヨセフは教会を守り続けることで、御子とその母を守り続けており、わたしたちもまた、教会を愛することで、御子とその母を愛し続けるのです。

この御子は後にこう語ります。「はっきりいっておく。わたしの兄弟であるこのもっとも小さい者の一人にしたのは、わたしにしてくれたことなのである」（マタイ25・40）。ですから、助けを必要とする人、貧しい人、苦しむ人、死に瀕する人、外国人、囚人、病者、その一人ひとりが、ヨセフが保護し続けている「御子」なのです。だから聖ヨセフは、困窮する人、助けを必要とする人、亡命した人、苦しむ人、貧しい人、死に瀕する人の保護者として請われているのです。だからこそ教会は、いちばんの弱者を愛さずにはいられないのです。イエスがその人たちを優先なさり、彼らにご自分を重ねておられるからです。ヨセフから、そのケアと責任感を学ばなければなりません。つまり、御子とその母を愛すること、秘跡と慈善を愛すること、教会と貧しい人を愛することです。こうした一つ一つの現実の中に、つねに御子とその母がおられるのです。

6　労働者である父

聖ヨセフを特徴づける、そしてレオ十三世による最初の社会回勅『レールム・ノヴァルム』以降に際立った一面は、労働とのかかわりです。聖ヨセフは、家族の生活の安定のために真面目に働いた大工でした。イエスは彼から、自分の労働の実りであるパンを食することの価値、尊厳、喜びを学びました。

現代において、労働が再び喫緊の社会問題となっています。数十年にわたってある程度豊かな生活を享受してきた国々においてさえ、失業率が時に目を見張る水準に達することがあります。新たな意識をもって、尊厳を与える労働の意義と、この聖人がその模範的な保護者であることを理解しなければなりません。

労働は、救いのわざそのものへの参与、神の国の到来を早める機会となります。それは、自身の潜在能力と資質を伸ばし、それを社会と共同体への奉仕に生かせるようにするものです。労働は、自己だけでなく、何より、社会の根本の核である家庭を実現させる機会となります。失業中の家庭は、困難、緊張、挫折に陥りやすく、あきらめや絶望ゆえの破壊の誘惑にさらされやすくなります。すべての人一人ひとりが尊厳ある生活を送れるようにと尽力することなしに人間の尊厳について語ることなど、どうしてできるでしょうか。どんな仕事であれ、働く人は、神ご自身に協力し、ささやかながらも、わたしたちを取り囲む世界の創造者となるのです。経済的、社会的、文化的、霊的な現代の危機は、だれも排除されない新たな「常態《ノーマル》」を生み出すために、労働の意義、重要性、必要性を再発見するようにとの、すべての人に対する呼びかけなのかもしれません。聖ヨセフの労働から気づかされるのは、人となられた神ご自身が、労働を軽視してはおられなかったということです。非常に多くの兄弟姉妹に及んでおり、新型コロナ・ウイルス感染症のパンデミックによって現在増加している失業の問題は、わたしたちが優先順位を見直すための呼びかけとなるべきです。労働者聖ヨセフに祈り求めましょう。どんな若者も、だれ一人、どの家族にも、職がない者などいない、そういえる道をわたしたちが見いだせますように。

7　影に見る父

ポーランド人の作家ヤン・ドブラチンスキーは、その著書『父の影』[24]で、聖ヨセフの生涯を小説にしました。影を示唆するイメージをもって、ヨセフの姿を描き出しています。イエスにとってヨセフは、天の御父の地上における影です。イエスを守り、保護し、その歩みを見守るため、イエスのそばを離れることはありません。モーセがイスラエルに思い出させたことを考えてみましょう。「荒れ野でも、あなたたちがこの所に来るまでたどった旅の間中も、あなたの神、主は父が子を背負うように、あなたを背負ってくださったのを見た」（申命記1・31）。同じようにヨセフは、生涯を通して、父として振る舞いました[25]。

人は初めから父なのではなく、父になるのです。そして、子どもが生まれたから父になるのではなく、責任をもってその子を世話することで父となるのです。その意味で、だれかの人生に対する責任を引き受けることはつねに、その人に対し父として振る舞うこととなるのです。

現代の社会では、子どもたちには父親が不在であるように思われます。今日の教会にも父親（訳注：「神父」とも訳しうる）が必要です。聖パウロのコリントの教会への忠告は、いつの時代にも当てはまるものです。「キリストに導く養育係があなたがたに一万人いたとしても、父親が大勢いるわけではない」（一コリント4・15）。そしてどの司祭、どの司教も、この使徒のようにいえるべきです。「福音を通し、キリスト・イエスにおいてわたしがあなたがたをもうけたのです」（同）と。さらに使徒は、ガラテヤの人々にはこう語ります。「わたしの子どもたち、キリストがあなたがたの内に形づくられるまで、わたしは、もう一度あなたがたを産もうと苦しんでいます」（ガラテヤ4・19）。

父であるとは、子を人生経験へと、現実へと導くことです。自分のもとに留め置いたり、束縛したり、支配するためではなく、その子が選び取り、自由になり、外へと出て行けるようにするのです。おそらくこの理由から、伝統的にヨセフは、父という称号とともに、「浄配」という称号も得ているのです。これは単なる情緒的なしるしではなく、支配とは逆のものを表す姿勢の総合です。純潔とは、人生のあらゆる領域にある所有欲からの解放です。愛は、純潔であってこそ真の愛なのです。支配を欲する愛は結局、必ずや危険で、束縛的で、息苦しく、不幸なものとなります。まさに神は、純潔の愛で人間を愛し、過ちを犯したり神に逆らったりしようとも、その人を自由にしておかれます。愛の論理は、つねに自由の論理です。そしてヨセフは、尋常ではない自由なかたちで、愛することができたのです。このかたは、決して中心にはなりませんでした。マリアとイエスを自らの人生の中心に据えるために、いかに自らを脇に置くかを理解していました。

ヨセフの喜びは、自己犠牲の論理にではなく、自分贈与の論理にあるのです。この人には、わだかまりはいっさいなく、信頼だけがあります。その徹底した口数の少なさは、不満ではなく、信頼を表す具体的な姿勢です。世が必要とするのは父であり、主《あるじ》は拒みます。つまり、自分の空白を埋めるために他者の所有物を利用しようとする者を拒み、権威と横暴を、奉仕と隷属を、対峙と抑圧を、慈善《チャリティ》と過保護主義を、力と破壊を混同する者を拒みます。真の召命はどれも、単なる犠牲ではなく、その成熟である自己贈与から生まれます。司祭職や奉献生活においても、こうした種類の成熟が求められています。召命は、それが結婚生活であれ、独身生活であれ、貞潔生活であれ、犠牲の論理だけにとどまり、自己贈与という成熟にまで至らないならば、愛の美と喜びのしるしとなる代わりに、不幸、悲しみ、わだかまりの表れになるおそれがあります。

わが子の人生を自分のものにしたいという誘惑を退けた父性は、つねに新しい空間に開かれています。どの子も、必ず不可解なものを有しています。それはまだ現れていないもので、子の自由を尊重する父親の支えでようやく明らかになるものです。父親が、自分の教育の務めは果たした、父たるものを十全に生ききった、ようやくそう自覚するのは、自分が「用済み」になったとき、子どもがなんとか自立して一人で人生を歩んでいるのを見たとき、ヨセフの立場にわが身を重ねるときです。ヨセフはつねに、御子は自分のものではなく、世話するためにゆだねられただけだと理解していました。結局のところそれは、イエスが次のようにいって伝えようとしたことなのです。「地上の者を「父」と呼んではならない。あなたがたの父は天の父おひとりだけだ」（マタイ23・9）。

自分が父性を行使する立場にあるときは、それが所有権の行使ではなく、より優れた父性を呼び起こす「しるし」であることを決して忘れてはなりません。ある意味で、わたしたちは皆、ヨセフの立場にあります。唯一の天の御父、「悪人にも善人にも太陽を昇らせ、正しい者にも正しくない者にも雨を降らせてくださる」（マタイ5・45）かたの影です。そして、御子を見守る影です。

＊＊＊

「起きて、子どもとその母親を連れて（いきなさい）」（マタイ2・13）、神は聖ヨセフにそういいました。

この使徒的書簡の目的は、この偉大な聖人への愛を深め、その執り成しを祈り、その徳と果断さに倣うよう促すことです。

実際、聖人たちの特別の使命は、すばらしい奇跡や恵みを譲与してくださることだけでなく、わたしたちを神の前へ執り成してくださることです。アブラハム[26]やモーセ[27]のように、「ただおひとり……の仲介者」（一テモテ2・5）であるイエス、「このかたはつねに生きていて、人々のために執り成しておられるので」（ヘブライ7・25。ローマ8・34参照）、御父の前におられるわたしたちの「弁護者」（一ヨハネ2・1）である、そのかたのようにです。

聖人たちは、すべての信者が、「充実したキリスト教的生活と申し分のない愛の実践」[28]ができるよう手を貸します。彼らの生涯は、福音を生きることは可能だという目に見える証拠なのです。

イエスは「わたしは柔和で謙遜な者だから、わたしの軛《くびき》を負い、わたしに学びなさい」（マタイ11・29）といわれました。他方、聖人たちは倣うべき生活の模範です。聖パウロははっきりと勧めました。「わたしに倣う者になりなさい」（一コリント4・16）[29]。聖ヨセフは、雄弁な沈黙の中でそれを語ったのです。

多くの聖人聖女の模範を前に、聖アウグスティヌスは自問しました。「あなたにはこれらの男の人たちがなし、女の人たちがなしえたことが、できないのですか」と。そうして、決定的な回心へと至り、叫び声を上げました。「あなたを愛するのがあまりにも遅すぎました。なんと古くて、なんと新しい美よ」[30]。

あとは、聖ヨセフに恵みの中の恵みを祈るのみです。それはわたしたちの回心です。

聖ヨセフに、祈りをささげましょう。

あがない主の保護者、
おとめマリアの夫よ。
神はあなたに御子をゆだね、
マリアはあなたを信頼し
キリストはあなたによって養われ、大人になりました。
聖ヨセフよ、
父親としての姿をわたしたちにも示し、

日々の歩みを導いてください。
恵みといつくしみと勇気が与えられ、
すべての悪から守られるようお祈りください。アーメン。

教皇在位第八年、二〇二〇年十二月八日　無原罪の聖マリアの祭日
ローマ、サン・ジョヴァンニ・イン・ラテラノ大聖堂にて
フランシスコ

注

(1) ルカ4・22、ヨハネ6・42。マタイ13・55、マルコ6・3参照。

(2) 教皇庁礼部聖省教令『クエマドモドゥム・デウス（一八七〇年十二月八日）』（*Quemadmodum Deus*: ASS 6 [1870-71], 194 ［本書46頁］）。

(3) 教皇ピオ十二世「労働者聖ヨセフの一級大祝日にあたり行われた、イタリアのキリスト教労働者協会での講話（一九五五年五月一日）」（AAS 47 [1955], 406）参照。

(4) 聖ヨハネ・パウロ二世使徒的勧告『救い主の守護者聖ヨセフ（一九八九年八月十五日）』（*Redemptoris custos*: AAS 82 [1990], 5-34）。

(5) 『カトリック教会のカテキズム』1014。

(6) 教皇フランシスコ「特別な祈りの式におけるウルビ・エト・オルビのメッセージ（二〇二〇年三月二十七日）」（*L'Osservatore Romano*, 29 marzo 2020, p. 10 ［『パンデミック後の選択』カトリック中央協議会、28―29頁］）。

(7) 聖ヨハネ・クリゾストモ『マタイ福音書講話』（*In Matthaeum homiliae*, V, 3: PG 57, 58）。

(8) 聖パウロ六世「説教（一九六六年三月十九日）」（*Insegnamenti di Paolo VI*, IV [1966], 110）。

(9) アヴィラの聖テレジア『自叙伝』第六章6―8（女子跣足カルメル会訳、『イエズスの聖テレジア自叙伝』中央出版社、一九六〇年、60―63頁）参照。

(10) わたしは四十年以上毎日、（『教会の祈り』の）賛歌の後に、イエズス・マリア修道会の十九世紀のフランスの祈禱書から、聖ヨセフへの祈りを唱えています。聖ヨセフに対する崇敬、信頼、切望を表明する祈りです。「栄光に満ちた父祖、聖ヨセフ。あなたは不可能なことを可能にできる力のあるかたです。苦悩と困難にある今この時に、どうか助けに来てください。深刻で困難な状況を、わたしはあなたにゆだねます。あなたの保護のもとに引き受けてください。そうして、よい解決策を得ることができますように。愛する父よ。あなたを心から信頼します。あなたにむなしく祈った、そうなることのないように。あなたはすべてのことを、イエス、マリアとともに行われるのですから、あなたからの恵みが、あなたの力ほどに大いなるものであることを示してください。アーメン」。

（11）申命記4・31、詩編69・17、78・38、86・5、111・4、116・5、エレミヤ31・20参照。
（12）教皇フランシスコ使徒的勧告『福音の喜び（二〇一三年十一月二十四日）』88、288（*Evangelii gaudium*: AAS 105 [2013], 1057, 1136-1137）参照。
（13）創世記20・3、28・12、31・11、24、40・8、41・1―32、民数記12・6、サムエル上3・3―10、ダニエル2・4、ヨブ33・15参照。
（14）こうした事案は、石打ちと規定されていた（申命記22・20―21参照）。
（15）レビ12・1―8、出エジプト13・2参照。
（16）マタイ26・39、マルコ14・36、ルカ22・42参照。
（17）聖ヨハネ・パウロ二世使徒的勧告『救い主の守護者聖ヨセフ（一九八九年八月十五日）』8（*Redemptoris custos*: AAS 82 [1990], 14）。
（18）教皇フランシスコ「コロンビア、ビリャビセンシオにおける列福式ミサ説教（二〇一七年九月八日）」（AAS 109 [2017] 1061）。
（19）聖アウグスティヌス「信仰・希望・愛（エンキリディオン）」（*Enchiridion de fide, spe et caritate*, 3. 11: PL 40, 236［赤木善光訳、『アウグスティヌス著作集4』教文館、一九七九年、205頁］）。

(20) 申命記10・19、出エジプト22・20—22、ルカ10・29—37参照。

(21) 教皇庁礼部聖省教令『クエマドモドゥム・デウス』（*Quemadmodum Deus*: ASS 6 [1870-71], 193［本書45頁］）、教皇ピオ九世使徒的書簡『インクリトゥム・パトリアルカム（一八七一年七月七日）』（*Inclytum Patriarcham*: l.c., 324-327）参照。

(22) 第二バチカン公会議『教会憲章』58（*Lumen gentium*）。

(23) 『カトリック教会のカテキズム』963—970参照。

(24) Jan Dobraczyński, *Cień Ojca*, Warsaw, 1977.

(25) 聖ヨハネ・パウロ二世使徒的勧告『救い主の守護者聖ヨセフ（一九八九年八月十五日）』7—8（*Redemptoris custos*: AAS 82 [1990], 12-16）参照。

(26) 創世記18・23—32参照。

(27) 出エジプト17・8—13、32・30—35参照。

(28) 第二バチカン公会議『教会憲章』40。

(29) 一コリント11・1、フィリピ3・17、一テサロニケ1・6参照。

(30) 聖アウグスティヌス『告白』（*Confesiones*, VIII, 11, 27: PL 32, 761; X, 27, 38: PL 32, 795［宮谷宣史訳、『キリスト教古典叢書　告白録』教文館、二〇一二年、269、352頁］）。

略号

AAS	*Acta Apostolicae Sedis*
ASS	*Acta Sanctae Sedis*
PG	*Patrologia Graeca*
PL	*Patrologia Latina*

内赦院　教令

教皇フランシスコにより、聖ヨセフを普遍教会の保護者とする宣言の百五十周年を記念して発表された「聖ヨセフ年」に際し、特別免償の恵みを与える。

本日、『クエマドモドゥム・デウス』の公布百五十周年を迎えます。この教令は、福者ピオ九世が、人間の敵意に脅かされていた教会が置かれた、深刻で痛ましい状況に心を動かされ、聖ヨセフを普遍教会の保護者と宣言したことを受けたものです。

イエスの守護者の力強い庇護への教会全体による信託の永続のため、教皇フランシスコは、宣言の記念日であり、無原罪のおとめにして夫ヨセフの花嫁、聖マリアの祭日である本日より、二〇二一年十二月八日までを、聖ヨセフの特別年として祝うことを定めました。この特別年によって、各信者はヨセフの模範に倣うことで、神のみ旨を十全に果たしつつ、信仰生活を日々深めることができます。

そうしてすべての信者は、祈りと善行を通し、天におられるナザレの聖家族の長、聖ヨセフの助けを受け、今日、現代世界をさいなむ人間的、社会的なつらい試練に慰めと救いをもたらすために、献身する力を得るはずです。

あがない主の保護者に対する崇敬は、教会の歴史の中で広がりました。教会はこのかたを、その花嫁である神の母に次ぐ最高の崇敬対象者に加えるだけではなく、さまざまなものの保護者としてきました。

教会の教導職は、聖ヨセフという倉にある、古くて新しいすばらしさを、マタイ福音書にある「自分の倉から新しいものと古いものを取り出す」（マタイ13・52）一家の主人のように伝え続けています。

教皇フランシスコの意向に沿って公布した本教令をもって、内赦院が聖ヨセフ年の間にいつくしみをもって与える免償の恵みは、望まれる目的を十全に果たすために大いに有益です。

通常の条件（ゆるしの秘跡、聖体拝領、教皇の意向による祈り）のもと、あらゆる罪から離れようとする心をもって、内赦院が指示する機会と方法で聖ヨセフ年に参加する信者に、全免償が与えられます。

ａ真の信仰者である聖ヨセフは、御父との親子の関係を再発見し、祈りに対する忠実さを新たにし、神のみ旨に耳を傾けて深い識別をもってこたえるようわたしたちを招きます。全免償は、主の祈りを三十分以上黙想する人、または、聖ヨセフについての観想を含む一日以上の黙想会に参加する人に与えられます。

ｂ福音書は、聖ヨセフに「正しい人」という称号を与えています（マタイ1・19参照）。聖ヨセフ、すなわち「心と魂の奥底にある内奥の秘密」(1)の守護者、神の神秘の受託者、かくして内的法廷の理想の保護者は、わたしたちが義務を果たしていくうえで、沈黙、賢明、誠実の価値を再発見するよう促しています。ヨセフにより模範的に実践された正義の徳とは、神の律法であるいつくしみの律法に完全に従うことです。「真の正義を全うするのは、ほかでもなく神のいつくしみだからです」(2)。したがって、聖ヨセフの模範に倣って、肉体的、霊的ないつくしみのわざを行う人も、全免償の恵みを得ることができます。

ｃヨセフの召命の主要な面は、ナザレの聖家族の守護者、聖母マリアの夫、イエスの養父となることでした。聖家族にあった親しい交わり、愛、祈りの雰囲気を再び作り出す励ましをキリスト者の全家庭が受けるよう、家庭で、また婚約者どうしがロザリオの祈りを行うならば、全免償が与えられます。

d　一九五五年五月一日、神のしもべピオ十二世は、「すべての人が労働の尊厳を認識すること、そして権利と義務の公平な配分に基づく社会生活と法律を促進することを意図して[3]」、労働者聖ヨセフの祝日を制定しました。したがって、日々、自分の働きを聖ヨセフの保護にゆだねる人、また、失業者が仕事を得、すべての人の仕事がより尊厳あるものとなるよう祈り、ナザレの労働者の執り成しを求める信者は、全免償を得ることができます。

e　聖家族のエジプト避難は、「人が危険のうちにあるとき、苦しんでいるとき、逃れているとき、拒絶され見捨てられているとき、神がそこにいてくださることを示します[4]」。全免償は、内外から迫害を受けている教会のため、そしてあらゆる形態での迫害に苦しむすべてのキリスト者の救いのために、聖ヨセフの連願を（ラテン教会の伝統で）、あるいは聖ヨセフへのアカティストスの全部または一部を（ビザンティン教会の伝統で）、あるいは他の典礼伝承に固有の聖ヨセフへの祈りをささげる信者に与えられます。

アヴィラの聖テレジアは、聖ヨセフを人生のあらゆる場面での保護者だと認めました。「他の聖人がたは、ある特別の必要に際して、わたしたちを助ける権能を神より受けておいでになるように思えます。しかしこの光栄ある聖者は、わたしどものあらゆる必要に際して助けてくださいます。わたしはそれを経験によって知っております」。最近では聖ヨハネ・パウロ二世が、聖ヨセフの姿にある、「新しいキリスト教の千年期に関する、わたしたちの時代の教会のための現代的新しさ」[6]を強調されました。

聖ヨセフの教会における庇護の普遍性を今一度明言するために、内赦院は、前述の機会に加え、正式に認可された聖ヨセフへの祈りをささげる、あるいは信心業を行う信者に、全免償を与えます。たとえば「聖ヨセフへの祈り（Ad te, beate Ioseph）」を、とくに三月十九日と五月一日のヨセフの記念日、イエスとマリアとヨセフの聖家族の祝日、聖ヨセフの主日（ビザンティン教会の伝統の）、毎月十九日と毎水曜日、ラテン教会の伝統でこの聖人を記念する日にささげる場合です。

現在の公衆衛生上の緊急事態においては、全免償の恵みはとくに、高齢者、病者、瀕死の人、規定により在宅を余儀なくされているすべての人に与えられます。また、どんな罪からも離れようとする心をもち、できるだけ早く通常の三条件を満たすことを望み、自宅か、事情により留め置かれている場所で、病者の慰め手、安らかな死の守護者、聖ヨセフへの信心の祈りを唱え、神に自らの人生の苦痛や困難を信頼してささげる人に与えられます。

鍵の権能によっていただく神の恵みにあずかることが司牧的に促進されるよう、当内赦院は、しかるべき権限を有するすべての司祭が、積極的に惜しみなく、ゆるしの秘跡を授け、また、頻繁に病人へ聖体を授けるよう、せつに願っています。

本教令は、聖ヨセフ年の期間中、対立する規定類が公布されないかぎり有効です。

ローマ、教皇庁内赦院にて
二〇二〇年十二月八日

内赦院長
マウロ・ピアチェンツァ枢機卿

内赦執行官
クシストフ・ニキエル

注

（1）教皇ピオ十一世「神のしもべエミリア・デ・ヴィアラールの英雄的徳宣言式での講話」(*L'Osservatore Romano*, anno LXXV, n. 67, 20-21 marzo 1935, 1)。

（2）教皇フランシスコ「一般謁見演説（二〇一六年二月三日）」（『いつくしみ――教皇講話集』カトリック中央協議会、二〇一七年、40頁）。

（3）教皇ピオ十二世「労働者聖ヨセフに関する講話（一九五五年五月一日）」(*Discorsi e Radiomessaggi di Sua Santità Pio XII*, XVII 71-76)。

（4）教皇フランシスコ「お告げの祈りのことば（二〇一三年十二月二十九日）」（『教皇フランシスコ講話集1』カトリック中央協議会、二〇一四年、261頁）。

（5）アヴィラの聖テレジア『自叙伝』第六章6（女子跣足カルメル会訳、『イエズスの聖テレジア自叙伝』中央出版社、一九六〇年、60頁）。

（6）聖ヨハネ・パウロ二世使徒的勧告『救い主の守護者聖ヨセフ（一九八九年八月十五日）』32 (*Redemptoris custos*) 参照。

礼部聖省　教令「クエマドモドゥム・デウス」

神は、民のために穀物を蓄えるため、エジプト全土を治める者として族長ヤコブの子ヨセフを立てられた。同じように、時が満ちると、神は世の救い主であるご自分の独り子を地上に遣わそうとして、最初のヨセフをその前表とするもう一人のヨセフを選び、ご自分の家と富の主人であり管理者とし、また、ご自分のもっとも優れた宝の守護者とされた。

事実、このヨセフは無原罪のおとめマリアの婚約者であり、マリアから聖霊によって生まれたわたしたちの主イエス・キリストは、人々の間ではヨセフの息子とみなされ、ヨセフに従っていた。

数多くの王や預言者たちはイエスに会いたいと願っていたが、ヨセフはイエスと出会っただけでなく、イエスと語り合い、父としての愛情をもってイエスを抱きしめ、接吻《せっぷん》した。さらにヨセフは、信じる民が永遠のいのちを得るために天から降《くだ》ってきたパンとして受け取るべきかたを、このうえなく大切に育てたのである。

神がそのもっとも忠実なしもべに与えたこの崇高な尊厳のために、教会は、幸いなヨセフを、その配偶者であるおとめなる神の母に次ぐ最高の栄誉と賛美をもってつねにたたえ、困難にあってはその執り次ぎを求めてきた。

ところで今、このもっとも困難な時代に、教会は至るところで敵に襲われ、神を信じない人々が地獄の門はついに教会を凌駕《りょうが》したと主張するほど大きな災難に打ちのめされている。それゆえ、聖なるカトリック世界全体の尊敬すべき司教たちは、彼ら自身の嘆願と、自らにゆだねられたキリスト信者の嘆願を教皇に提示し、聖ヨセフを普遍教会の保護者に定めてくださるよう願い求めた。こうして、聖なるバチカン公会議の中で、彼らの嘆願と願いがいっそう熱心に繰り返されたとき、わたしたちの聖なる教皇ピオ九世は、最近の悲惨な出来事に心を動かされ、聖なる家長ヨセフのいとも力強い保護に自らとすべての信者をゆだねるために、聖なる司教たちの願いにこたえることとし、聖ヨセフが普遍教会の保護者であると荘厳に宣言した。

また教皇は、三月十九日の祝日を、今後は一級復誦の大祝日として、ただし四旬節中であるため八日間（Octava）なしに祝うことを命じた。さらに教皇は、無原罪のおとめであり、いとも貞潔なヨセフの配偶者である神の母にささげられた本日、この旨の宣言が、礼部聖省の本教令によって公布されるよう命じた。

以上に反することはすべて退けられる。

一八七〇年十二月八日

長官　コスタンティーノ・パトリツィ枢機卿
（オスティアとヴェッレトリの司教枢機卿）

次官　ドメニコ・バルトリーニ

EPISTULA APOSTOLICA
PATRIS CORDE
Libreria Editrice Vaticana © 2020

使徒的書簡 父の心で 聖ヨセフを普遍教会の保護者とする宣言150周年を記念して

2021年2月20日 第1刷発行　　日本カトリック司教協議会認可
2021年3月25日 第2刷発行

著　者　教皇フランシスコ
訳　者　カトリック中央協議会事務局
発　行　カトリック中央協議会
〒135-8585 東京都江東区潮見2-10-10 日本カトリック会館内
☎03-5632-4411(代表)、03-5632-4429(出版部)
https://www.cbcj.catholic.jp/

印 刷　三美印刷株式会社

ISBN978-4-87750-229-4 C0016